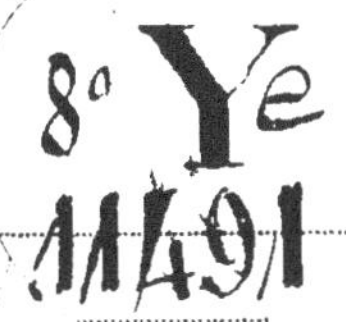

Mlle M. MAURAN
Professeur au Lycée Molière

Du Temps que les Bêtes parlaient

SCÈNES RUSTIQUES

PARIS
FERNAND NATHAN
Editeur

Du Temps que les Bêtes parlaient

EN VENTE A LA MÊME LIBRAIRIE

Du Temps que les Bêtes parlaient

SCÈNES RUSTIQUES

PAR

M. MAURAN
Professeur au Lycée Molière

PARIS
FERNAND NATHAN, ÉDITEUR
16, RUE DES FOSSÉS-SAINT-JACQUES, 16
1925

LES DEUX ÉCUREUILS

Une belle matinée
De soleil illuminée,
Calme, riante, embaumée,
Par un chasseur fut troublée.
Aussitôt qu'il apparut,
Tout entier, le bois se tut.
Ceux qui chantaient, jasaient, sifflaient, firent silence.
Ceux qui couraient, sautaient, suspendirent la danse.
En moins d'un clin d'œil, oiseaux,
Quadrupèdes petits et gros,

Bêtes à poil, bêtes à plume,
Se conformant à la coutume
Par où le faible échappe au fort,
Chacun contrefit le mort.
Seuls, les insectes et les plantes,
Quoique peureux, bien que prudentes,
Jugeant que, ce jour-là, ce n'était pas leur tour,
Ne trouvèrent pas bon de perdre un si beau jour.
Deux écureuils, à la première alerte,
Sur un même rameau s'étaient réfugiés,
Sans mouvement, comme pétrifiés,
L'œil au guet et l'oreille ouverte.
Or, c'étaient deux anciens rivaux
Qui ne pouvaient se voir sans se chercher querelle.
Le sentiment des mêmes maux
D'abord les anima d'une douceur nouvelle.
Mais le répit ne fut pas long
Et mauvais conseiller leur fut le voisinage.
Par leurs regards d'abord se rallume leur rage,
Et puis, l'air provocant, l'insulte ; enfin, un bond,
Les voilà maintenant aux prises,
Sans plus songer aux mesures requises
Pour échapper au fusil du chasseur.

Ils sont liés d'une telle fureur
Que le même plomb les transperce.
L'homme saisit l'aubaine et prend, sans plus quêter,
Le premier chemin de traverse.
Et le bois tout entier se remit à chanter.

CONSEIL TENU PAR LES INSECTES

Les insectes, un jour, menèrent une enquête :
De dangers leur vie étant faite,
Chacun d'eux était invité
A faire part à la communauté
De ce qu'il croyait bon pour leur sécurité.
Ainsi l'on vit au jour paraître
Plus d'un secret légué par un lointain ancêtre
Auquel, au cours des temps, sa lignée avait dû
D'éviter maint obstacle et maint piège tendu :
On exhiba dards, mandibules,

Appendices divers pour étonner les gens,
Effroyables mais innocents.
On mesura l'aile des libellules.
La mante reconnut que ses grands airs dévots
Etaient faits pour tromper les sots.
L'on trouva compliqué ce noir coléoptère
Qui, pour frapper son agresseur
D'une protectrice terreur,
Autour de lui paraît ensanglanter la terre
Par une vermeille liqueur.
La dernière de tous apparut la chenille.
Plus d'un insecte en rit : sans pattes, ni sans dard,
Sans ailes, toujours en retard,
Que pouvait-elle apprendre à ceux de sa famille?
Mais ceux qui rirent eurent tort :
Avisant d'un lilas voisin la branche morte,
Sans hésiter, elle s'y porte,
Monte le long et, se fixant au bord,
S'y détend ainsi qu'un ressort.
Ses anneaux, des rameaux ligneux la font parente :
De chenille la voilà plante,
Disparue aux yeux du chasseur.
Sa recette lui fit honneur.

LE MAUVAIS SORT

D'un père épris d'égalité
Les deux fils avaient hérité
De biens en tous les points semblables :
Champs pareils, pareilles étables,
Mêmes demeures confortables.
Pareillement que ne peut-on
Des biens de l'âme faire don !
Le père sut mal faire, en cela, le partage ;
L'un de ses fils était laborieux et sage,
Et l'autre, de courage et de sens dépourvu.

Qu'on ne s'étonne pas : on ne l'imita guère ;
Chacun s'en tint à sa ruse de guerre.
Un conseil qui jamais ne sera bien reçu
C'est de passer inaperçu.

L'effet n'en devait pas longtemps être attendu.
D'abord pareils, leurs champs, bientôt, changent de face :
Moisson maigre pour moisson grasse.
Puis ce fut le tour des troupeaux :
Maigres moutons auprès de moutons gras et beaux.
L'homme accuse de son déboire
Le soleil, la pluie et les vents
Comme si, seul de tout le territoire,
Il eût été sujet du mauvais temps.
Enfin, devant la persistance
De ses malheurs, il pensa que des sorts
Envoyés par la malveillance
Réduisaient à néant le fruit de ses efforts.
Tenir le nom du mal, c'est tenir le remède :
Il appela la voyante à son aide.
Par elle, on avait vu maint secret découvert;
Non qu'elle eût eu, je crois, commerce avec l'enfer,
Mais certaine raison subtile
Lui faisait souvent deviner
Ce que n'aurait pu soupçonner
Une raison moins exercée et moins habile.
« Tes malheurs viennent d'un seul mot,
Dit-elle à l'homme, et si ton frère

Réussit dans tout ce qui te devient contraire
Quand vous avez eu même lot,
C'est, qu'au champ, ou dans ta demeure,
Lorsque le travail vous attend,
Ton frère répond « sur-le-champ »,
Et tu dis toujours « tout à l'heure ».

L'ABEILLE

Sur son flanc sablonneux, une colline aride
D'une source s'embellissait.
Un peuple d'animaux altérés se pressait
A ce bassin que l'été ne laissait,
Même aux jours cuisants, jamais vide.
Tel buvait à la source, et tel se contentait
De l'eau dans la vasque dormante
Dont la grenouille était la fidèle habitante.
De très loin un essaim, dans ces lieux, fréquentait.

L'abeille qui venait y boire
Arrivait fatiguée, ayant longtemps volé.
Mais, ne trouvant jamais l'eau trop pure à son gré,
A la prendre au rocher elle mettait sa gloire.
Le plus grand nombre, en cet effort,
Pour salaire, trouvait la mort.
Parmi les plantes d'eau, les ailes transpercées,
Par le courant, elles étaient lancées.
Une grenouille, enfin, à l'une dit un jour :
« Vois tous ces corps flottants ; si tu n'es plus prudente
Telle tu seras à ton tour.
N saurais-tu pas boire où l'eau coule plus lente ?
Ou, comme moi, te contenter
De ces anses vertes de mousse
Où, dans le calme, le jonc pousse ? »
L'abeille, qui n'a pas le temps de bavarder,
Tout en volant, de répondre à sa mode :
« Cette eau moins pure t'accommode,
C'est que tu n'en dois rien tirer d'essentiel.
Ton chant du soir suffit à ton mérite ;
Mais à d'autres travaux ma nature m'invite ;
Et je ne trouve rien d'assez pur pour mon miel. »

Et, sans rien relâcher de son humeur vaillante,
Elle puise à l'eau bouillonnante,
Et sauve, une fois encor,
S'envole avec son trésor.

LA CHÈVRE ET LE CHIEN

La chèvre, un jour, raillait le chien :
« De tous les dons que t'a faits la nature,
Dit-elle, tu n'uses pas bien.
N'es-tu pas, comme moi, créé pour l'aventure ?
N'es-tu point agile, hardi ?
Et pourtant l'on te voit paraître,
Le plus souvent, les pas dans les pas de ton maître,
Ou, les yeux demi-clos, à ses pieds engourdi !
Si tu savais combien j'ai, dans mes courses,
D'agréments qui pour toi-même seraient plaisirs :
Les va-et-vient au gré de mes désirs,

Des lieux sauvages les ressources :
Ombrages frais, herbes tendres et fleurs,
L'eau transparente bue aux sources ;
Et maint gibier pour tes instincts chasseurs. »
Le chien dit à la vagabonde :
« Pour le choix des plaisirs sur soi chacun se fonde.
Je connais ceux desquels tu m'entretiens.
Je leur préfère d'autres biens.
Ils tiennent tous dans l'amour de mon maître ;
Sans lui, que me seraient les plaisirs que tu dis ?
Avec lui, tous les lieux me sont des paradis.
Sans doute pour l'aimer le ciel m'avait fait naître. »
La chèvre trouva bon de partir sans un mot,
Seule réponse à faire à ce qu'on trouve sot.
Voyant ses paroles blâmées,
Il reprend sans émoi ses occupations.
Qu'importait à ce chien ? Le cœur a ses raisons
Qui se passent d'être approuvées.

LE BORGNE

Nul n'ignore que l'almanach
Doit au journal de ne plus vivre.
C'est dommage; il offrait plusieurs bons traits que n'
Plus nul journal et plus nul livre.
Le bon Rabelais a montré
Ce qui pouvait sortir de cette humble origine;
Daudet nous fit goûter, en prose plus voisine,
Au doux miel qu'il en a tiré.
Et je doute, aujourd'hui, qu'un délicat condamne
Ce trait naïf de la sagesse paysanne.

En Avignon, certain hiver,
Un promeneur, longeant la rive basse
De la boueuse Barthelasse,
Glissa dans un endroit de buissons recouvert.
Par malchance, une branche nue
Entre dans l'œil, dont elle ôte la vue,
Du promeneur frappé par un malheur subit.
L'on vient, le relève, l'entoure,
Cherche moyen qui le secoure :
L'œil était perdu, quoi qu'on fît.
Lui, cependant, loin de se plaindre,
Lève les bras au ciel en rendant grâce à Dieu,
Si bien que plus d'un assistant put craindre
Qu'il n'eût laissé la vue et l'esprit en ce lieu.
Justifiant sa gratitude :
« Eh ! quoi, dit-il, le bois par qui j'ai l'œil ôté
N'est-il pas fourchu, d'habitude ?
Et si celui-ci l'eût été,
L'autre œil me serait-il resté ?
Pour un malheur que je déplore
J'en aurais dû déplorer deux :
Laissez-moi donc me dire heureux
De n'être pas plus malheureux encore. »

LE MARTEAU, L'ENCLUME ET LE FORGERON

Une enclume, un jour, se plaignait
Au fer qu'un artisan forgeait.
« Tu me frappes, tu me laboures ;
Quand d'étincelles tu t'entoures,
Elles tombent sur moi comme des traits de feu;
Ne pourrais-tu finir ce jeu? »
Quand le bruit du marteau lui permit de répondre
Le fer se disculpa : « Les maux qu'il infligeait
Avec elle il les partageait.

Un autre le frappait, brûlant et près de fondre :
Leur malheur à tous deux venait du forgeron. »
L'artisan, au bruit de son nom,
Arrête son marteau, met à profit la pause
Pour essuyer la sueur de son front,
Disant : « De votre mal vous me croyez la cause,
Et vous dites qu'il provient
De ce marteau, de la main qui le tient?
Que ne pouvez-vous voir plus loin que cette forge,
Dans ce pauvre logis, là-bas,
Qui de beaucoup d'enfants, mais non de biens, regorge.
C'est leur faim qui m'arme le bras.
Dois-je leur reprocher ma peine ?
Ils pourraient, eux-aussi, s'excuser à leur tour ;
Car ils ne sont qu'un anneau de la chaîne
Où chacun souffre et fait souffrir l'autre en retour.
A quoi bon chercher l'origine
De ce fatal enchaînement ?
Le coupable inconnu que chacun incrimine
N'existe pas probablement.
Car, ne voyez-vous pas vous-même
Que, bien souvent, celui qui fait notre malheur
Mérite en même temps qu'on l'aime ?

Pour mes enfants je peine, et, par eux, de douceur
S'embellissent les jours que pour eux je consume.
Vous vous plaignez de ce marteau,
Vous appelez ce feu votre bourreau :
Sans eux, pourtant, point de fer forgé, point d'enclume.
Convenez que vous aimez mieux
Souffrir et gémir tous les deux
Que d'être, informes blocs encore,
Engagés dans la noire épaisseur du rocher
Que pour votre bien l'homme explore
Et dont il sait vous arracher.
Vous vous plaignez de lui : fait-il pas votre joie ?
Nos biens, nos maux viennent souvent par même voie. »
Et, sans plus les écouter,
Il court à ses charbons et les fait crépiter
Sous le vent que bientôt son soufflet leur envoie.

LE GRILLON ET LES FOURMIS

Un enfant détruisit un jour, par passe-temps,
Les dômes d'une fourmilière
Active, peuplée et prospère.
Et la panique, en peu d'instants,
— Va et vient, foule noire aux portes entassée —
Naît, s'étend, se voit dissipée.
L'insecte, sur-le-champ, retourne à son labeur;
Traîne, pousse, fouit, comme avant son malheur.
Un grillon s'en étonne et dit : « Peuple stupide
Qui ne sent pas ses maux dont chacun a pitié! »

« Nous savons nos trésors perdus plus qu'à moitié,
Lui fut-il répondu ; murs détruits, grenier vide.
Mais que sert de gémir ? Il vaut mieux réparer
Un malheur que de le pleurer ».

LE MÉDECIN MALGRÉ LUI

L'effort seul mérite bien
Que le succès le couronne :
La chance, aveugle personne,
Quelquefois, pourtant, le donne
A qui, pour l'avoir, ne fit rien.

Un bûcheron, par sa paresse,
Par son incorrigible ivresse,
Son exigence et sa brutalité,
Chez sa femme avait excité

Une colère vengeresse.
Comme de le punir elle cherchait moyen,
Vint à passer un équipage.
Il en sortit un personnage
Qui lui demanda son chemin :
« Pour la fille du roi malade
On l'envoyait en ambassade
Afin de ramener un fameux médecin. »
Notre femme, à combiner prompte,
L'adresse à son mari qui, dans le bois voisin,
Des fagots achevait le compte,
Disant : « Ce médecin feint d'être un bûcheron.
Pour le rendre à son art le battre est nécessaire.
Si vous frappez bien fort, soyez sûr de l'affaire :
Il cessera de dire non. »
Ainsi fut fait : voilà notre homme
Convaincu, contre sa raison,
Par l'éloquence du bâton,
D'être passé docteur sans savoir quand ni comme.
Le voilà conduit à la cour,
Et, s'il ne veut sentir du bâton la caresse,
Sommé de guérir la princesse
Avant que finisse le jour.

Il fit plus promptement. Sitôt que la patiente,
Faite à la tournure élégante
Des médecins de cour, eut vu ce malotru,
Partant d'un grand éclat de rire,
En moins de temps qu'il n'en faut pour le dire,
Elle guérit du mal inguérissable cru.
Le rire délogea l'arête
Qui, plantée au gosier, mi-morte l'avait faite.
Le bûcheron-docteur se vit récompensé
Et pour son savoir encensé.
Cette cure établit sa gloire.
Il ne fut pas le dernier pour y croire.

LE CHAT ET L'OISEAU

Un jeune chat s'étant, pour première prouesse,
Rendu maître d'un rat, s'en vint, plein de fierté,
En faire montre à sa maîtresse
Dont il se vit félicité.
Le lendemain, meilleure aubaine :
Ce fut un tendre oiseau dans le sommeil surpris.
Le novice chasseur, en devinant le prix,
Escompte le régal et la gloire prochaine.
Il fut vite désabusé.
Sitôt qu'il apparut, la proie aux dents pendante,

De la dame éprouvant l'humeur inconséquente,
Il se vit de crime accusé,
Battu, forcé d'abandonner sa prise.
Je laisse à penser sa surprise.

Le moyen d'éviter pareil malentendu?
Les chats pensent en chats et les hommes en hommes.
A les faire accorder le soin serait perdu :
Nous jugerons toujours selon ce que nous sommes.

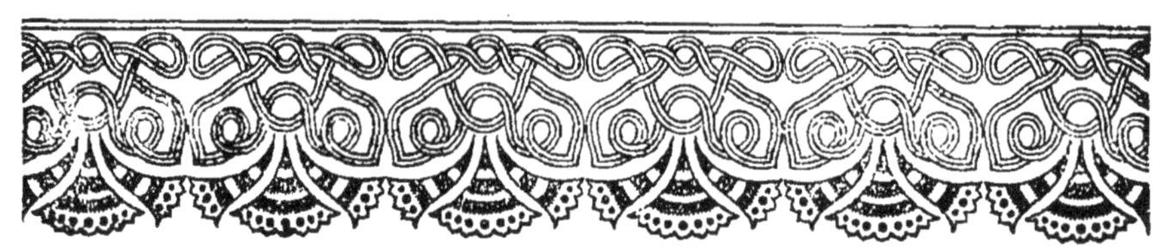

LES SONGES

Un homme riche était aimé des dieux.
Ils le laissaient, le jour, vivre au gré de ses vœux,
Mais pour lui peuplaient la nuit morne
Des songes bienfaisants de la porte de corne.
Sitôt plongé dans le sommeil,
Notre riche dormeur, changeant d'expérience,
Menait la pénible existence
Du pauvre qu'il cessait d'être dès son réveil.
Et si, jour après jour, il pouvait reconnaître
Et les biens et les maux que trop d'argent fait naître,
Nuit après nuit, en rêve, il pouvait éprouver

Et les maux et les biens qui viennent d'en manquer :
Du lendemain l'inquiétude,
Et, par-dessus la lassitude
Des durs travaux, le trop frugal repas ;
Peu d'amis ; souvent seul se tirer d'embarras.
La liste en serait longue encore.
Il avait la joie, en retour,
De recevoir, des lèvres de l'aurore,
Le premier sourire du jour.
Il savait le bon goût du pain lorsqu'on le gagne,
Des modestes plaisirs : la paix de la campagne,
Près des rares amis le livre ouvert le soir.
Tout d'abord il se plaint de la métamorphose
Qui, chaque nuit, à lui s'impose :
En vain des médecins il requiert le savoir.
A cette double vie, enfin, il s'habitue,
Travaille de bon cœur, en rêve, et s'évertue.
Puis, ses nuits sur ses jours l'emportant en douceur,
A son réveil il les prolonge,
Il restreint ses plaisirs ; il s'impose un labeur ;
Il modèle sa vie à l'image du songe.
On le crut fou. L'on rit. Il fit peu d'envieux.
Cet homme, on nous l'a dit, était aimé des dieux.

LA FUMÉE ET LE FEU

Quand un sceptique dit : « Quelle est la vérité ? »
L'on peut répondre à ce sceptique.
Qui discute sur la beauté
Rend moins facile la réplique.
Tel front, tel arbre, telle fleur
Sans conteste l'ont en partage.
Mais elle flotte aussi parfois sur la laideur
Comme un rayon dans un nuage.
Quel monstre n'a jamais souri ?
Quel désert n'a pas eu son heure ?

Que de beauté triste demeure
Dans ce que le temps a terni !
C'est ce que fit valoir, appelé pour arbitre
Un paysan qui n'était pas grand clerc.

Quand l'automne paraît, lorsqu'à travers la vitre
Nous cherchons en vain le ciel clair,
La campagne change de face.
Près de chaque arbre devenu,
D'orage en orage, plus nu,
La feuille sur la feuille est tombée et s'entasse.
Notre rustre, certain matin,
Retenu dans son clos par le temps incertain,
Par le vent de la nuit les trouve amoncelées
Sur ses carrés, sur ses allées
En guirlandes d'or sous les haies.
Et de la fourche et du râteau
Il les rassemble en un monceau.
Peu d'instants après un feu brille
Qui, fier, dans le jour faible encor
De l'éclat de ses langues d'or
Assaille sa proie et pétille.
Mais quand ce feu, par lourds anneaux,

Vit vers le ciel s'élever la fumée,
Il se plaignit : « Quelle est ma destinée
De voir tant de laideur près de reflets si beaux ! »
L'homme lui dit : « Pendant quelques instants patiente.
Et les plus brillants de tes feux
De ce nuage noir pourront être envieux. »
Du feu le paysan ne frustra pas l'attente :
Quand le soleil vint à surgir,
A sa lumière on vit pâlir
La flamme par l'homme allumée,
Tandis qu'en poudre d'or par l'espace semée
Il transfigurait la fumée.

LA FEMME MUETTE

Un homme avait une femme muette.
Quoiqu'elle fût belle et bien faite,
Dans les travaux en tous les points parfaite,
Il ne pouvait se consoler
De ne l'avoir jamais ouï parler.
Il trouvait pesant le silence
Qui, hors sa propre voix, remplissait sa maison,
Et rêvait avec complaisance
De quelque conversation
Pleine d'esprit, sans parler de raison

De tendresse et de confiance.
Mais, vainement ayant fait vœux,
Et pèlerinage et neuvaine,
Il eut recours à la science humaine
Et fut trouver un médecin fameux,
Dont l'antichambre toujours pleine
Prouvait l'espoir qu'en lui mettaient les malheureux.
Le médecin trouva le cas peu difficile.
Il put, sans longtemps tâtonner,
A la muette redonner
La langue que l'époux jugeait pour elle utile.
Et cet époux pensa d'abord
Ne jamais se lasser de ce nouveau trésor.
Si bien que sa femme, à sa guise,
Pour rattraper le temps perdu,
Donnant cours au torrent trop longtemps retenu,
De l'aube au soir, de paroles le grise.
Bientôt il s'en plaignit : plus d'une illusion
Ne se nourrit que de silence.
Par ses propos, il sut, de trop sûre science,
Que lorsque de l'esprit il lui croyait le don,
Il en faisait seul la dépense.
Puis vint l'ennui des éternels propos,

Puis vint le besoin de repos.
Mais inutilement : au lit comme à la table,
Il dut subir le caquet redoutable.
Las de son supplice, à la fin,
Il courut chez le médecin,
Seul être dont il pût quelque secours attendre.
« Ne pourriez-vous, dit-il, muette me la rendre ? »
L'homme de l'art lui dit : « Notre pouvoir est court
Sur ce point, n'étant point aidé par la nature.
Il est, pour vous servir, une chose plus sûre :
Ce serait de vous rendre sourd ».

Le mal présent se fait toujours maudire.
S'en délivrer ne va pas sans danger :
L'on risque souvent d'échanger
Le mal qu'on souffrait pour un pire.

LE VIEUX MULET

Le populaire a toujours dit :
« C'est la fin qui couronne l'œuvre. »
Chacun sait cependant que, sans grande manœuvre,
De beaux commencements trouvent toujours crédit.
C'est ainsi que passa pour un foudre de guerre
Un vieux mulet qui n'y prétendait guère.

Son maître, un jour, l'avait laissé sur le chemin
Dans les brancards de sa charrette,
Pendant qu'il visitait sa vigne où le raisin
Paraissait mûr pour la cueillette.

Le temps à l'orage rendait
Plus que jamais les mouches importunes :
Il s'en fixa par malheur quelques-unes
Sous le poitrail du vieux mulet.
De la bête attelée on juge le supplice :
Queue ou pied, tout est impuissant
A chasser l'ennemi caché qui de son sang
Bien à l'abri, se gorge avec délice.
Aiguillonné par la douleur,
Voilà notre mulet en fuite
Tirant la charrette à sa suite,
Et portant partout la terreur.
Bruit de galop, bruit de ferraille,
Qui peut-on croire qui s'en aille,
D'un tel train, dans un tel fracas?
On crie au seuil de chaque porte;
De toutes parts courent des gars
Pour arrêter la bête qui s'emporte.
Seul, le maître, sans s'inquiéter,
Quitte son champ, passe au bras son panier,
Prend son chemin sans nulle presse.
Autour de lui chacun s'empresse
Et comme on le blâmait de sa tranquillité :

« Si comme moi, dit-il, l'on connaissait ma bête,
Bien en repos chacun serait resté.
Pour aller loin, la pauvre, elle n'est guère faite;
Le boucher la devait quérir quelque matin.
Sa belle ardeur sera bientôt passée. »
Il la trouve, en effet, au détour du chemin,
A bout de souffle et harassée.

LE BÉLIER ET LE CHIEN

Un bélier plein d'outrecuidance
Vint un jour dire à son berger
Qu'il n'entendait plus partager
Avec le chien de son troupeau la surveillance.
« Aussi bien que cet aboyeur
Il était, Dieu merci, capable
De conduire les siens, chasser le maraudeur,
Et cela, sans mener un vacarme effroyable.
Enfin, il exigeait qu'on renvoyât l'intrus. »
L'on céda. De certains bergers ne savent plus,

De l'homme ou du bélier, qui doit parler en maître
Le fanfaron bientôt se fit connaître :
Ni les cornes haut sur le front,
Ni le grelot sonnant sous le poil du menton
Ne purent démontrer que le Ciel l'eût fait naître
Pour garder les moutons. Aucun ne s'y méprit,
Sauf lui-même. Le loup en rit.
Les moutons eux-mêmes en rirent.
En leur langage ils se plaignirent,
Prétendant que leur dignité
Entre eux et le bélier voulait l'égalité.
Médor fut rappelé. Pour longtemps ? Je l'ignore.
Bien rarement une leçon suffit.
Il faut, pour en tirer profit
Plus d'une expérience encore.

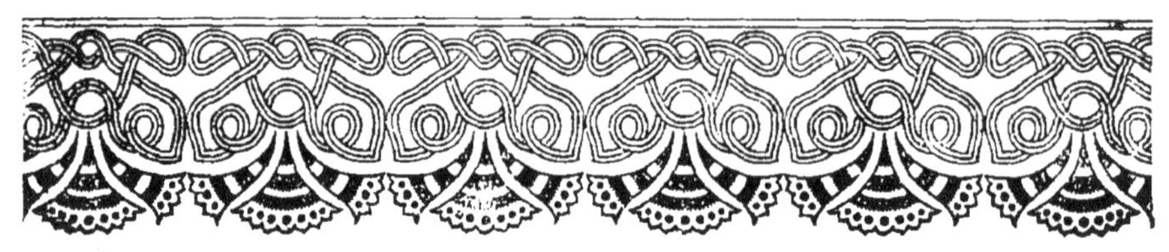

LES VIEILLES MAISONS

Les maisons d'autrefois, un jour, firent procès
Devant le juge aux maisons neuves.
Elles ne manquaient pas de preuves
Des torts qui leur avaient sans conteste été faits.
« Elles avaient, en d'autres âges,
Vu s'élever leurs deux étages
Au bord de parcs profonds, au seuil de clairs jardins.
Leurs vitres reflétaient les soirs et les matins.
Leurs murs, aux jours brûlants, goûtaient l'ombre pro-
[pice
Et du soleil d'hiver savouraient le délice.
Mais tous ces biens étaient perdus

Un beau matin, étaient venus
Des êtres malfaisants en colonnes suspectes :
Revendeurs de biens, architectes,
Entrepreneurs, maîtres-maçons,
Flots d'ouvriers aux bizarres façons,
Parlant d'étranges dialectes.
Et dans chaque parc dévasté,
Plus un arbre n'était resté.
Bientôt du sol, des murs surgirent,
Nus, blancs, lisses, toujours plus hauts,
Et dans leur ombre ils engloutirent
Les toits riants, rendus pareils à des tombeaux. »
Malgré ce vif réquisitoire,
Par un jugement péremptoire
L'on donna tort aux maisons d'autrefois.

Aux essaims des humains l'on fait des ruches amples,
Hautes comme des tours, vastes comme des temples,
Sur les lieux que couvraient les jardins et les bois.
De l'utile et du beau si le combat se livre
La défaite est pour le second.
Le monde s'enlaidit : c'est fâcheux. Mais peut-on
Le déplorer si c'est pour aider l'homme à vivre?

LES FOURMIS ET LE CHAT

Sur le seuil d'une fourmilière
Babillaient, un jour, trois fourmis.
Ce divertissement ne semble pas permis
A ces bêtes, pour l'ordinaire,
Car silence et travail furent toujours amis.
Mais une affaire d'importance
Ce jour-là suspendait et le soin des travaux
Et le souci de l'abondance.
Ces Dames discutaient leurs mérites rivaux.
De même, raconte la fable,

Minerve, pourtant raisonnable,
A très âprement disputé
A Vénus le prix de beauté.
Nous voulons tous primer, homme, fourmi, déesse ;
Nos biens ne sont pour nous un bien
Que si les autres n'en ont rien
Et trésor partagé n'est plus une richesse.
Nos trois fourmis le prouvaient bien
Et, du travail commun accaparant la gloire,
Chacune était, à l'en croire,
Le soutien de la cité.
L'une vantait le grain par elle rapporté ;
L'autre montrait la galerie
Que, dans la terre encore toute humide de pluie
Elle allait, sur l'heure, achever.
Et l'autre, préposée à relever la paille,
Les déchets et les rien qui vaille,
Montrait avec orgueil les tas d'énorme taille
Qu'elle avait fini d'élever.
Aucune ne doutait qu'à sa tâche accomplie
Son peuple entier ne dût la vie.
Un chat, qui flânait, parut.
L'œil mi-clos, il allait sans but,

Passe près des fourmis, trouve la place bonne
Pour dormir au soleil, arrête là ses pas,
Se couche, s'étire, ronronne,
Et, d'un coup de patte, il met bas
Des travaux si vantés l'édifice fragile
Devant leurs auteurs peu contents,
Les dispensant de chercher plus longtemps
Laquelle était la plus habile.

L'HYÈNE ET LE LION

Si le nom de ménagerie
Evoque un paradis dans l'esprit des enfants,
Et même fait passer dans le cœur de plus grands
Des lieux lointains la nostalgie,
Des animaux il désigne l'enfer.
La mort aurait été moins dure
Que, tout vivants, l'entrée en sépulture,
Et la cage après le désert.
Celui qui plus fier est, plus vite s'y dégrade :
J'ai vu là le lion malade

Endurer, d'injures couvert,
Ce que nul chien n'aurait jamais souffert.
Mettre à l'étroit ce qui vivait d'espace !
Mettre au repos l'essor qui jamais ne se lasse !
Condamner à l'air morne et lourd de la cité
Celui qui, dans la solitude,
Avait l'air de l'immensité !
Faits à leur sort par l'habitude,
Des fauves végétaient ainsi dans un jardin.
Et la pâture du matin,
Les visiteurs du soir occupaient leur journée
De bête au bagne condamnée.
Le gardien même aimait son étrange troupeau
De langueur et d'ennui devenu si docile
Que, jugeant peu à peu la prudence inutile,
Il établit un régime nouveau,
Croyant qu'il ne pouvait marquer sa confiance
Qu'en relâchant sa surveillance.
Sur leur raison de bête il compta trop :
Il dut s'en repentir bientôt.
Profitant du sommeil d'un lion redoutable,
L'hyène, des griffes, des dents,
A celui qui rendait tous ses pareils tremblants

Fit une plaie épouvantable.
Comme, pour le lion, rugir tient lieu de cris
L'on peut deviner le vacarme
Qui fit courir le gardien en alarme.
En voyant le dégât il dit : « Est-il permis
Qu'entre des malheureux la malice subsiste !
Eh ! votre sort déjà n'est donc pas assez triste
Pour en doubler ainsi les maux
Ajoutant au malheur la haine ? »

Un passant crut, entendant ce propos,
Qu'il parlait de la race humaine.

LE MAL D'AUTRUI

Le mal d'autrui n'ôte rien à nos maux,
Mais parfois il nous en console.

Quand septembre finit ; lorsque, en des jours égaux
Par leur durée aux nuits, le temps d'été s'envole,
L'homme endure mille fléaux.
Sur terre, c'est l'orage et, sur mer, la tempête.
La pluie, un jour, tomba si dru,
Que des torrents le flot accru
Inonda la campagne à la vendange prête.
Les riverains ont de pareils malheurs.

Mais, pour cette fois, la disgrâce
S'étendit jusqu'aux voyageurs :
Rails noyés, ponts rompus ; leur convoi reste en place :
Qu'on voyageât pour le plaisir,
Pour le cœur ou pour quelque affaire,
On resta, contre son désir,
Sans avancer, la nuit entière.
Lorsque le jour parut, enfin,
De la plaine noyée, aux lueurs du matin
Chacun voulut avoir la vue :
Un lac emplissait l'étendue.
Chaque ferme envahie en formait un îlot.
Réfugiés à l'étage d'en-haut,
Leurs habitants épiaient la lumière.
Elle leur montre, avec leurs propres maux,
Nos voyageurs transis retenus par les eaux
Et qui, de leur côté, contemplaient leur misère.
Et, du malheur du prochain
Le spectacle pitoyable
Fit trouver à chacun, soudain,
Son propre mal plus supportable.

LES PIGEONS

Un soir d'hiver, deux pigeons s'abattirent
Sur l'appui d'un balcon rencontré par hasard.
Sans chercher plus, ils s'y blottirent :
Mourants de faim, de froid, où trouver mieux, si tard ?
La place était hospitalière :
Débarqués en terre étrangère,
Voilà mes passagers aussitôt accueillis
Et traités en anciens amis.
L'hôtesse était sur l'âge, et les longues années,
En nous rendant la paix des tâches terminées,

Dans nos cœurs libérés font souvent refleurir
Les simples passions qui naissent du loisir.
Les deux pigeons en profitèrent :
Les mets devant eux s'amassèrent.
Quand on eut apaisé leur faim,
Pour dormir jusqu'au lendemain,
Une servante, en hâte, apporte une corbeille
Où, baisé, réchauffé, le couple en paix sommeille.
Ainsi, sans être consultés,
Nos vagabonds se virent adoptés.
A la pointe du jour la fête recommence :
Les grains choisis en abondance,
L'eau pure pour la soif. Le couple accepte tout,
Paraît trouver le logis à son goût,
En gens installés s'y comporte.
Mais, lorsque, au laitier matinal,
La servante eut ouvert la porte,
Comme appelés par un signal,
Un seul coup d'aile les emporte.
L'hôtesse sur le seuil accourt et dit : « Ingrats !
Nos présents et nos soins ne vous retiennent pas ? »
Un pigeon répondit : « Que prétendiez-vous faire
Lorsque vous pourvoyiez si bien à nos besoins ?

Nous garderons toujours souvenir de vos soins ;
Devons-nous, pour cela, changer de caractère?
Nous sommes faits pour voler loin,
Choisissant, pour dormir, la branche la plus haute.
Direz-vous que c'est une faute
Si de vivre captifs nous ne consentons point?
C'est nos cœurs, non notre fortune
Que vos bienfaits peuvent lier.
Laissez-nous partir sans rancune
De votre toit hospitalier. »

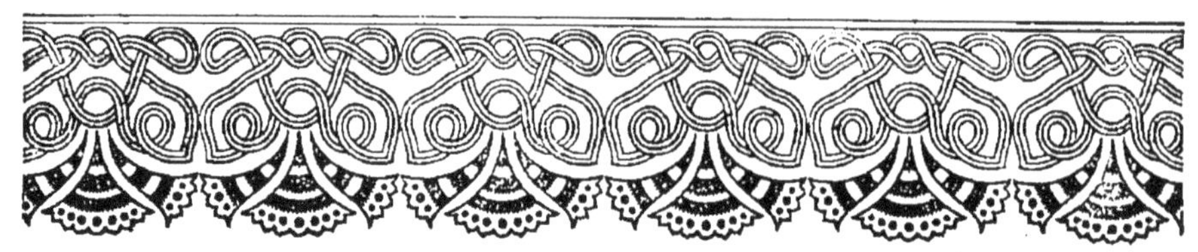

LA LIBELLULE ET LE CHAT

La passion est sœur de l'imprudence.
Tel qui tremble au moindre danger
Est capable de négliger
Les moindres soins de prévoyance
Si son désir met sa peur en balance.

La libellule, un jour, dans l'épais d'un laurier,
Guettant la proie, happait à son passage
Une guêpe. Point de quartier.
Le combat peut être sauvage

Entre les plus petits comme entre les plus gros,
Car la taille, d'abord, ne fait pas le héros,
Puis, l'enjeu pour chacun est d'égale importance
S'il se nomme vie ou pitance.
On pouvait, en ce corps à corps,
Voir les deux combattants épuiser leurs efforts,
Se faire arme de tout, mêler leurs pattes grêles,
S'escrimer du ventre et des ailes,
Sans deviner un ennemi
Dans le chat non loin endormi.
Leur bourdonnement insolite
Réveille le dormeur, l'invite
A son favori passe-temps.
Sur le couple il pose la patte
Et se régale à leurs dépens
De leur dépouille délicate.

L'AIGLE ET LES CORBEAUX

Le corbeau fuit quand paraît l'aigle.
Contrairement à cette règle,
L'on put voir l'aigle, un jour, chassé par les corbeaux,
De victimes passés bourreaux.
Il est vrai qu'ils étaient en nombre.
L'aigle avait contre lui levé leur foule sombre
En conseil assemblée à la cime d'un bois.
A l'intérêt commun également fidèles
Tous s'étaient à sa vue élancés à la fois
Et l'air obscur s'était empli de milliers d'ailes.

Que voulait-on qu'il fît contre eux tous, sinon fuir?
Un parc, en ce danger, lui semble un lieu d'asile :
En ce parc il devait mourir.
Plus qu'une aile d'oiseau l'arme humaine est agile.
L'aigle percé s'abat aux pieds de l'intendant
Et, terrassé mais arrogant :
« Tu ne peux guère tirer gloire
Dit-il, d'une telle victoire.
J'ai dû céder au grand nombre d'abord
Maintenant, je cède au plus fort. »
L'homme lui répondit : « D'où venait ta puissance
Lorsqu'au ciel tu faisais la loi?
Si la force aujourd'hui se tourne contre toi,
N'en as-tu pas longtemps tiré ta jouissance ?
Les maux que tu causas en maux te sont rendus. »

Chacun parle ainsi, l'aigle, l'homme :
Tant qu'ils sont forts, la force droit se nomme ;
Faibles, ils la nomment abus.

LE CHAT ET LE CHIEN

Au foyer qui l'avait vu naître
Un chat coulait ses jours dans la félicité
Ayant, au cours du temps, avec art inventé
Mille moyens d'accroître son bien-être :
Les délices du feu l'hiver,
L'été, le somme au frais et, par l'ombre couvert,
Les oiseaux dormants, douce proie.
Il ne rêvait pas d'autre joie.
Le sort, un jour, lui donne un chien pour compagnon,
Né pour la chasse et non pour garder la maison,

Bête aux membres puissants, peu faite pour se plaire
Comme le chat, à vivre sédentaire.
Il partait au premier matin,
Rentrait fourbu, langue pendante,
Mais l'œil brillant et de souvenirs plein.
Et son air de bête contente
Rendit d'abord notre chat curieux,
Puis amusé, puis envieux.
Aux récits de son camarade,
Il trouva son sort de chat fade.
« Viens avec moi », lui dit le chien.
Ecourtant les douceurs du somme quotidien,
Il goûta de la promenade.
Mais chacun sait que chiens et chats
Ne s'en vont point d'un même pas.
Notre indolent marcheur dut presser son allure.
Il lui fallut, chose plus dure,
Pour mieux suivre son compagnon
En maints endroits souiller sa patte
Nette, lustrée et délicate,
Car tout chemin semble assez bon
Aux chiens pressés qui pour affaires vont.
Mais des chiens chasseurs les affaires

Bonnes pour les chats ne sont guères.
Et le nôtre, finalement,
Laissant le chien, le nez aux terres labourées
Et suivant les pistes flairées,
Dut revenir piteusement,
Seul, le poil en désordre et terni de poussière.
« J'ai, dit-il, bien peiné pour me peu divertir.
L'on ne m'y prendra plus. Qui cherche son plaisir
Doit le chercher à sa manière. »

LE PHILANTHROPE ET LES OISEAUX

Un philanthrope rebuté
Par maint échec et mainte ingratitude,
Ne pouvant perdre l'habitude
De faire des heureux, avait tout reporté
Sur les oiseaux, soins et sollicitude.
Un haut mur gardait son jardin
De tous les bruits de la grand'ville :
Nul n'aurait supposé dans cet abri tranquille
Le boulevard si près, la paix des champs si loin.
Une inscription y fit à tous les gens connaître

Que ce refuge était aux oiseaux dédié :
Le moineau, toutefois, n'y fut pas convié
Trouvant partout le gîte et de quoi se repaître.
Pour des hôtes plus délicats
Tout y fut préparé par des mains prévoyantes :
Près des nids, les graines tentantes,
Bref, bon gîte avec bon repas.
La foule des oiseaux y vint à tire-d'aile.
Si l'on demande : « Et comment le sut-elle ? »
Qui montre aux papillons les plus beaux champs de fleurs ?
Qu'un Mécène, demain, ouvre à tous les poètes
D'aussi confortables retraites
A son appel ne manquera pas un des leurs.
Donc, le jardin s'emplit au gré du solitaire :
Rouge-gorge, merle, bouvreuil,
N'eurent pas trop de chants pour un si bon accueil.
« J'ai fait enfin, dit-il, ce que je voulais faire.
Mieux qu'avec les humains, certes, j'ai réussi. »
Il ne dut pas longtemps parler ainsi :
Après le succès, le déboire.
Plus d'un hôte repu disparut après boire.
Par contre, dans l'Eden, plus d'un s'était glissé
Dont on se serait bien passé.

L'homme n'est pas seul parasite;
La bête sait venir, aussi, sans qu'on l'invite.
S'en vinrent les moineaux maraudeurs et les chats :
Encore des intrus ! encore des ingrats !
Notre homme, cette fois, l'accepta. Je suppose
Qu'il sut, guéri d'illusion,
Qu'il est vain de prétendre à la perfection,
Et que le mal au bien se mêle en toute chose.

LES PRÉSAGES

L'humanité considère aujourd'hui
Que trop respectable est son âge
Pour garder la croyance enfantine au présage
Qui tant de fois aux Anciens a nui.
Maintenant qu'elle est bien guérie
De la superstition qui lie
Le sort d'un monde à l'appétit d'un coq,
Quoique au bon sens faisant encor plus d'un accroc,
Elle en arrive à tenir pour folie
De regarder, pour diriger sa vie,

Ce que fait l'animal, et d'oser moins ou plus
A son caprice, ainsi que le fit Marius.

Le bon Plutarque nous le montre
Fugitif, poursuivi, par les marais errant,
Asile et vivres mendiant,
Quand l'espoir lui revint au cœur, à la rencontre
D'un âne qui, batifolant
En allant boire à la fontaine,
De braire en son honneur s'était donné la peine.
Il résout de tenter à nouveau le destin.
En Afrique arrivé non sans peine, un matin,
Il aperçoit, mauvais présage,
Deux scorpions luttant entre eux sur le rivage.
Aussitôt, du retour, il reprend le chemin.
Qui lui prédit son sort, le scorpion ou l'âne?
Comme ensuite il connut et l'heur et le malheur,
Qui choisit l'un doit avoir peur
Qu'au nom de l'autre on le condamne.
Comme le bien au mal, le mal succède au bien.
A qui veut pénétrer l'arcane
Prédire tous les deux est le plus sûr moyen;
Ce qui revient à ne prédire rien.

LE LORIOT ET LA HULOTTE

De la hulotte écoutant la réplique,
Un loriot disait : « Prophète de malheur,
Pourquoi ce chant mélancolique ?
De ce soir de juillet sens-tu pas la douceur ?
Le temps est beau, les fruits sont mûrs, les fleurs sont belles.
Le couchant est plein d'hirondelles.
Le jardinier, ouvrant la vanne du bassin.
Régale poireaux et salades
De la chaleur du jour malades.
Toi seule, en ce riant jardin,
Te lamentes d'un ton chagrin. »

Et, ravi de l'heure présente,
Sur la pointe d'un arbre, il chante,
Mais, par le chasseur aperçu,
Transpercé, tombe, et, pour jamais, s'est tu.

Certains disent que la hulotte
De s'attendre au malheur toujours, n'était point sotte.
Et d'autres, que le loriot
De l'ignorer jusqu'à sa mort, ne fut point sot.

L'ABEILLE ET L'ESCARGOT

Une abeille en un potager,
Depuis le point du jour lasse de voyager,
S'arrêta pour reprendre haleine.
Le doux Virgile eût avec peine
Constaté sa terne couleur,
Son aile usée et sa maigreur.
Sans avoir le cœur d'un poète,
L'escargot plaignit la pauvrette.
Il s'informa de sa santé.
« Ce sont les travaux de l'été,

Dit–elle, et non la maladie,
Qui m'ont, avant l'âge, vieillie. »
« Et quels travaux ? » — « Sitôt la pointe du matin,
Voler de la lavande au thym,
Et plusieurs fois le jour apporter le butin,
Dans la ruche, à pleine besace. »
L'escargot, ami du repos,
Ne comprend pas qu'on aille et vienne à tout propos,
Ni que, sans but, l'on se harasse.
« Le papillon, dit-il, gagne sa vie à moins ;
Sans doute, grands sont tes besoins ? »
Si les bêtes pouvaient sourire,
L'abeille eût volontiers souri :
— « Par mes travaux d'un jour, sans parler de la cire,
— « Dit-elle, un cent de nous, je crois, serait nourri »
— « Innombrable est donc ta lignée ? »
— « Sans rien savoir de l'hyménée,
Ni de ses biens, ni de ses maux,
Ne laissant après soi d'enfants que ses travaux,
L'abeille meurt comme elle est née ».
Notre escargot, croyant avoir compris enfin,
La blâma de son avarice.
— « C'est là, certes, mon moindre vice ;

Je ne conserve rien de mon butin,
Et, ne possédant que mon aile,
Mes seuls trésors sont, sous le ciel,
Mon zèle pour la ruche et mon ardeur au miel. »
— « Ta vie est, lui dit-il, bien dure ». — « Mais bien belle ! »
— « Quoi ! jamais, en repos, ne goûter la fraîcheur ! »
— « Mais, dans la joie, aller de labeur en labeur ! »
— « N'avoir point de chez soi, bien clos dans sa [coquille ! »
— « Etre un membre ignoré d'une immense famille ! »
— « C'est gaspiller tes jours si brefs, sans en jouir ! »
— « C'est les faire durer après ma mort, encore,
En les vouant à l'avenir
De la ruche qui dure et ne doit pas finir ! »

Nos deux chétifs auraient, je crois, jusqu'à l'aurore,
De la sorte philosophé,
Si, visitant son domaine assoiffé,
Le jardinier, qui toujours veille,
N'eût, d'un jet d'arrosoir mis en fuite l'abeille,
Et n'eût mis fin, sous son sabot,
Aux différents bonheurs vantés par l'escargot.

TABLE DES MATIÈRES

: : IMPRIMÉ POUR : :
: : FERNAND NATHAN : :
: : : : ÉDITEUR : : : :
: : PAR LA SOCIÉTÉ : :
: GÉNÉRALE D'IMPRIMERIE :
: : : ET D'ÉDITION : : :
: 1, RUE DE LA BERTAUCHE :
: : : : : SENS : : : : :

12-1925.

QUI SÈME BIEN
IFN
RÉCOLTE BIEN

www.ingramcontent.com/pod-product-compliance
Ingram Content Group UK Ltd.
Pitfield, Milton Keynes, MK11 3LW, UK
UKHW021114260726
13994UKWH00002B/887